águas abundantes de um planeta recém-nascido

águas abundantes de um planeta recém-nascido

kah dantas

© Moinhos, 2022.

© kah dantas, 2022.

Edição: Camila Araujo & Nathan Matos

Assistente Editorial: Vitória Soares

Revisão: Ana Kércia Falconeri e Mika Andrade

Capa: Sergio Ricardo

Projeto Gráfico e Diagramação: Isabela Brandão

Nesta edição, respeitou-se o Novo Acordo Ortográfico da Língua Portuguesa.

Dados Internacionais de Catalogação na Publicação (CIP) de acordo com ISBD

D192a

Dantas, Kah

Águas abundantes de um planeta recém-nascido / Kah

Dantas. - Belo Horizonte : Moinhos, 2022.

52 p. ; 14cm x 21cm.

ISBN: 978-65-5681-072-0

1. Literatura brasileira. 2. Poesia. I. Título.

2022-706   CDD 869.1   CDU 821.134.3(81)-1

Elaborado por Odilio Hilario Moreira Junior - CRB-8/9949

Todos os direitos desta edição reservados à Editora Moinhos

www.editoramoinhos.com.br

contato@editoramoinhos.com.br

Facebook.com/EditoraMoinhos

Twitter.com/EditoraMoinhos

Instagram.com/EditoraMoinhos

Para Flavio Pereira Senra,
todos os poemas deste livro

Este caderno de poesia nasceu dum amor enclausurado durante a pandemia da Covid-19.

"Beije-me ele com os beijos da sua boca; porque melhor é o seu amor do que o vinho."

(Cânticos 1:2)

"Tu arrebatas os caminhos da minha solidão como se toda a casa ardesse pousada na noite."

(Herberto Helder)

"O amor é uma rede lançada sobre a eternidade"

(Zygmunt Bauman)

I

Eu encontrei este amor no meio do caos
Das paisagens a distância
Das cidades fechadas
Dos sorrisos invisíveis
E das mãos que não se davam
Já quase enfadada das traquinações amorosas
Em tempo de recusar convites e encerrar hospedagens
Que os dias pareciam bons para eu estar só comigo

Apesar do peso dos grãos de poeira à fresta de luz

Por isso eu sei que não foi menos que um clarão de estrelas
Ofuscando as faíscas terrenas
Que fomos deuses desde o princípio e sabíamos
Entalhados em matéria duma espécie celeste
Mas nunca assombrados
Como se a vida toda nos tivesse ensinado para isso
Alguma supernova cujo brilho nunca cessa
Fulgores desde o verde infindo dos seus olhos

Águas abundantes de um planeta recém-nascido

II

Antes do princípio do beijo, a pele já murmurava as rezas
Em verdade adorando
A língua confessando o corpo glorioso
Dormindo o sono de quem se deita no céu
Sonhando o sonho de quem acaba
de ter a primeira esperança

E ainda não conhece a dor

Eu sempre quis amar assim, eu diria, dias e certezas depois
Mas nunca me deixaram
Até que você. E ponto.
Até que você. Definitivo.
Amor sem dor, eu me lembro de ter explicado, os
olhos cheios de lágrimas, o vinho ardendo no peito

E você me escutou

III

Todos os poemas não bastam
Nem os versos e salmos
E cancioneiros em todas as línguas
Para dizer os excessos com que te amo
As imensidões de pele
A perfumaria vertiginosa

Os sabores sempre novos para os grandes apetites

Eu assim te encontrei
E te quis para ser meu amigo
E eu assim te amei
Íntimo no meu espírito
Não por querer ou buscar
Mas de graça, dando graças

Sob os olhares de todos os anjos

IV

Doutro modo não sei viver, senão beirando precipícios
E desta vez que me parece certo o salto
Sem o temor da queda
E da solidão do asilo
Por isso mesmo, desde o alto eu brindo:
Que seja longo, o abismo!

V

São nossas todas as canções de amor, eu sei
Como se na pele dilatada não me coubesse mais o ser
Incendiado nas ardorosas aflições
De tanto e muito te querer

O calor queimando os meus lábios de sede
A cabeça molhada recostada na parede úmida
Enquanto as águas deslizavam quentes feito palavra tua
Os últimos raios de sol dançando sobre a carne túmida

Entranhei dois dedos nas labaredas mais escuras
Acariciando a imagem além do sonho incandescente
E cerrei os olhos ao som das notas que modulavam
Retraindo o ventre da saudade soberana e indecente

Por isso sobrevivo e entorno este poema, eu sei
Não para que saibas que são nossas todas as canções de amor
Mas para que concebas neste o banho mais febril:
Toda hora é brasa, toda hora é lava, agora que te vivo, amor

VI

Eu me vi no espelho como se de cima do
monte o meu corpo todo te olhasse
As minhas cicatrizes inquirindo a tua chegada
Quando eu congreguei os deuses e as deusas
Para celebrar o encontro com a tua alma

As tuas mãos pareciam direções seguras
E eu levei os pés até a ponta do abismo
Desde a noite revelado pelos ecos da tua voz
E pelo assombroso verde dos teus precipícios

Cuidado!, eu ouvi na minha própria voz
Mas só a luz importava
Feito guidão mágico para a terra prometida
Onde eu me ajoelhei e recolhi
Sobre o chão adorado

Do teu corpo o leite
Da tua boca o mel

VII

Assim eu te amo
Como quem se balança numa rede sobre
o trágico espetáculo do mundo
O corpo ascendendo aos canteiros nublados do Céu
Mesmo havendo eu transgredido por não o ter amado

Como se meus olhos vissem, sobre as nuvens, um
deus no fim do seu esplendor

Assim eu te amo,
Meu amor,
Também como quem volta à terra e colhe, de joelhos,
o primeiro fruto de uma pátria devastada
E acena, para os velhos e os animais esquálidos,
que ainda há esperança para os homens

VIII

Coloquei um dos meus laços nos teus cabelos
E penteei teus longos fios com os meus dedos
Suplicando à tua memória
Que não esquecesse aquele momento
Em que os relógios emudeceram dentro do teu abraço

Tua boca-deus comia meus lábios todos
Em preces sinceras à beira da cama
E a língua pavimentava a via crúcis
Do corpo espasmódico

ai, meu deus

Tu ouvias
Atendendo ao vocativo
Da pélvis em sacrifício

ai, meu deus

Eu dizia
Te adorando sobre todas as coisas
E nas tuas mechas enleada
De todo coração, e força, e alma

IX

Todas estas coisas te darei
Se curvado me adorares
Desde as pontas rudes dos meus pés
Até os fios solitários de cabelo
Sobre a face maravilhada
Dos caminhos cicatrizados no meu ventre
À textura dos lábios que para ti nunca secam ou descansam
Até o oculto da alma disfarçada eu te darei
Se curvado me adorares

X

Para enganar a morte
Te abraçarei muito forte
E te amarei até o fim da primavera
Como se fôssemos eternos

XI

Como se para isso tivessem sido feitos à imagem
e semelhança dos que tem o Criador
Os meus olhos-guia leem para ti, amor
Quando os teus, antes do sono, ficam nus e embaçados
Leio versos de Herberto até que adormeças
Leio o Cântico dos Cânticos
Leio para ti com o meu coração-poente
Para que me ames antes e depois do estado de sonho

E para que durante eu te faça audaciosa companhia
Debaixo do tremor das tuas pálpebras
À mão dos murmúrios desta paixão indócil e mundana

XII

O meu seio na tua boca já era suficiente
Para impedir a noite de nos devorar
E mesmo assim eu cavalgava com urgência sob a lua
Levando rosas de hastes compridas
Através da janela do teu quarto
Em direção à cidade adormecida

XIII

Feito criança pequena sobre as pontas descalças dos pés
Tu seguias meus passos atrás de mim
Tua voz entranhando-se nas miudezas domésticas
Tuas mãos sentinelas prontas ao chamado do toque
E teu olhar vigilante como os lírios que
murchavam sobre a mesa
Guardando a passagem do nosso tempo juntos

Assim também eu te amei
De escolta em escolta

Como à companhia de um gato que, miando após
mim, salvasse o sentido de lar que tenho junto a estas paredes

XIV

Feito criança pequena entusiasmada com o dever de casa
Eu seguia teus passos atrás de ti
Minha voz entranhando-se na tua caminhada suave
Minha palma aberta como manjedoura de graças
E meu olhar descoberto no livro dos prazeres
Ecoando no teu lar que me abrigava

Assim também eu te amei
Conduzida pela tua mão

Como à sombra estendida de uma grande árvore
que, espraiada em solo quente, abrandasse a terra que me
aguarda os pés

X V

No alargado reflexo atrás de ti
A cidade brilhava na varanda que desafiava as montanhas
E a porta-espelho gravava a imagem da taça trêmula

Ou seria da trêmula mão?

Enquanto a tua boca mergulhava entre as coxas macias
E eu te falava sobre o gosto do mar
E do vinho tinto

Na tua e na minha línguas

Acompanhando com os olhos bêbedos
o ponteiro dos segundos
Até que eu estremeci no infinito dos teus lábios imortais
Feito deuses pela força da vida que irrompia de mim

Ai, amor!

Como eu queria que tu tivesses visto as maravilhas que eu vi
Quando sentada na poltrona da tua sala
Tantas vezes, pareceu-me,

Eu gozei e morri

XVI

Quando as luzes nasceram e eu vi a tua forma
entrelaçada nas costuras da cama
Eu rezei à meia voz como quem conta os seus dias
O teu nome um cântico na minha boca
O teu gosto um salmo na minha língua
Pois que tão encarecidamente eu te amo e espero
Com címbalos e danças e os cabelos soltos
Também outra vez me inclinarei sobre o teu peito
Banquete no deserto
Para fazer saber o meu coração
Mais uma vez
Como palpitar junto do teu

XVII

Veja ali a saudade das coisas que ainda não fizemos juntos
É tão bom te olhar e saber que não te conheço por completo
Eu digo, e então tu me perguntas
Como assim?
Como não ter a certeza do que teu olhar significa por inteiro
A entonação da tua voz
Os sonhos não ditos

É não ter certeza que nos faz continuar

XVIII

Parece que o teu corpo é feito de prata
Eu sussurrei
Parece que o teu corpo é feito de lua
Você escreveu
Sabendo que eu esqueceria
Nesses dias aqui parece ainda que os deuses
pararam o tempo para nós, amor
E não seria absurdo pedir a eles que
arrancassem a lua do firmamento
E nos dessem de presente

XIX

Eu te amei e te amo tanto
Como quem o tempo todo se despede
Mas sem nunca ir a lugar algum
Só para poder amar mais

XX

Tudo é vosso, tudo vos dou
Todas as partes deste amor
E ainda as sobras
Como um edifício de pedras preciosas
Porque vós subistes ao meu coração
E eu estive convosco
Dois numa só carne

Pois em vosso nome eu faria cessar as chuvas por três anos
E assombraria ao mundo, aos homens e aos anjos
E quando por fim os firmamentos se abrissem
E o dilúvio descendesse sobre a terra
As muitas águas não poderiam extinguir este amor
Nem os rios sufocá-lo

E os meus lábios vos bendiriam
Com cítaras e flautas que nunca adormecem
Até que murchassem as flores e fenecessem as ervas
E não restasse pedra sobre pedra
Que não fosse derrubada

XXI

Do outro lado do balcão da cozinha
O paraíso se avistava
E eu o observava enquanto comia e bebia
Nos festejos da sua hospedagem
Sem sacrifícios eu soube
Que os meus anos de juventude por contar
Todos eles lo daria
E as sobras e o fôlego e o fim
Para saborear da árvore da vida

À estrela da manhã que tudo em mim alumiava
Lâmpada na praça
E de um e de outro lado do rio
Acesa no meu peito em que abrigo a tua promessa
Depois de mais uma vez ter morrido em teu nome
Escrito em palavras fiéis e verdadeiras

Novos céus e novas terras eu vejo surgir
Nas horas inteiras em que te adoro
Se é inteiro este amor e se inteiras são as horas
Que falta esperar desta vida?
Eu suplico, no assombro do teu reino
Onde caminhamos de mãos dadas sobre a largura da terra
Até que os céus se dobrem e se fechem sobre nossos pecados

Abundância de delícias

XXII

Eu te descobri pelas pontas dos meus dedos
Primeiro o teu rosto, de anos atrás
Depois o teu nome em seis letras, como o meu
E então a cor dos teus olhos
Nas linhas que eu escrevi muito antes da tua chegada

Eu te conheci pela ternura da tua voz
Todos os dias à procura da tua companhia
Deslizando nas telas cujos reflexos
Erguiam pontes para o verdadeiro encontro
Neste baile de máscaras

O meu amado disse "vem"
E o meu coração se encheu de alegria
E o sentimento ascendeu, feito incenso suave
Como o aroma do vestido dançante da filha do rei
Às narinas do mancebo apaixonado

E eu disse ao meu amado "vou"
Como o maná atravessando as nuvens
E pousando no abrigo da boca faminta
E da língua prometida e sedenta
Para fazer cumprir esta palavra de amor

XXIII

O teu amor me alegra todos os dias

Desde a madrugada mais alta
Quando a noite crepita nas ruas desertas
Até o zênite do sol
Cuja luz acha abrigo no meu rosto

O teu amor me alegra todos os dias

Como se existíssemos desde o nascimento dos montes
Os pés alumiados pelo bem e o mal
Sob os olhos vigilantes de um criador
Deslumbrado com a nossa formosura

Sim, o teu amor me alegra todos os dias

E de madrugada floresce e cresce
Não como a erva que se corta e seca
Mas como as sequoias que se atrevem imortais
De eternidade a eternidade

XXIV

Os segundos pacíficos desse sono que não se desafia
Nós contamos pelo tato que desliza sobre as peles
Enquanto eu repouso a cabeça nas curvas do teu braço
E inspiro os muitos cheiros e suores
Deste amor arrebatado

Os ossos descansando embaixo da vermelhidão das carnes
Céu e paraíso depois do gozo inconteste
Como dois querubins ofegantes e de guarda abaixada
Esquecidos dos ditames do Rei
Sob as armaduras desabotoadas

Estrelas da manhã atiradas de mãos dadas à terra
Em nosso coração nós dissemos que pela derradeira vez
Consumidos pelo fogo dos ardores mundanos
Dia e noite atormentados
Da felicidade deste encontro profano

E assim perdemos nosso lugar no éden
E calcamos os caminhos do Sheol
Sê comigo também mortal, outro filho da alvorada
Embebidos da seiva mais terrena
Devorando um ao outro até a última das madrugadas

XXV

Eu vislumbro o teu rosto repousando entre minhas coxas
Tua cabeça gentilmente inclinada para a esquerda
Os meus dedos acariciando as rugas na tua testa branca
Enquanto os meus olhos esquadrinham as tuas
pálpebras e o formato das tuas sobrancelhas
E os longos fios de cabelo que escapam ao
penteado preso, vacilantes ao vento
Assim como fazem as bandeiras hasteadas nas janelas lá fora

Neste triste feriado nacional

Então eu fecho os olhos quase como quem descansa
Capaz de enganar a tristeza com lençóis
e travesseiros perfumados
Mas na verdade se despede do mundo dos homens
Expirando depois de um forte brado
Por causa da tua boca se alimentando de mim
E do espírito que se esvai famélico

XXVI

Sou feliz também porque sou tua
O seio a esta hora no formato da saudade
E os olhos encandeados pela luz da tua imagem
Que rompe o peito e sobe à cabeça
Sempre fazendo o caminho dos lábios

Porque a boca fala do que o coração está cheio
Os átrios pelo teu nome ocupados
Luminescentes há quarenta dias e quarenta noites
Para fora do deserto e da escuridão
Onde os homens são apenas animais

XXVII

As nuvens se erguem escuras sobre as
montanhas e também sobre a tua varanda
Neste dia em que outra vez me achego à tua casa
Com o útero tomado pela ardência
proibida às minhas ancestrais

E enquanto você se senta à beira do sofá
Para beber da chuva das minhas próprias
e saudosas e tão cheias nuvens
Eu contemplo e acaricio teus cabelos e o formato do teu rosto

Que se vê para fora do mergulho da tua boca

As gotas então começam a cair pesadas e enlutadas
Pelo País que queima e pelos homens que permanecem maus
E também pelos meus olhos acostumados
ao inferno em derredor

E eu peço perdão por então voltar-me inteira para ti
Como se nós – apenas – fôssemos o mundo
Devastado por nada mais que um hedonismo irrefreável

XXVIII

É pelos meus lábios que eu melhor
aprendo a temperatura da tua boca
Que sempre se anuncia na urdidura da língua
Como quem chega à porta, durante
madrugada quente e úmida
Batendo tambores enfeitados de fitas

Assim também eu abocanho a tua carne doce
Em passeios e voltas pelo dorso da minha língua
Que noutras horas, só com a lembrança do teu gosto
Faz recitar: bendita seja a tua fonte!

XXIX

Depois de você, meu amor, gosto mais de existir
E até arrisco o sobrevoo pelo mundo
Como se na verdade eu não fosse este
pássaro magro saltitando tristemente entre
porções de asfalto e árvores caídas

XXX

Porventura há de se meter a candeia debaixo de um vaso
ou da cama? Não vem antes para se colocar no velador?
Assim também é o teu corpo inteiro
alumiando tudo que se vê
Por causa da sabedoria de que o
encontro contigo é sempre bom
Como o sabor de uma comida lentamente desfrutada
Deitando-se sobre a língua que descansa
das viagens pela tua extensa pele
À luz dos nossos olhos

É como um farol que anima o meu espírito a
continuar seguindo em frente, mesmo quando
de tempos em tempos eu olho para trás
Tentada pelas incertezas e medos
Assombrada pela consciência de ainda estar viva

XXXI

Quando me deito contigo é como se o fizesse sobre
a terra rebentada de flores de todas as cores
Os cabelos espalhados ao pé de um manancial
E o peito palpitando não doutra coisa
que não esta paz silenciosa
De acariciar a tua formosura com as minhas mãos nuas
Pele e ossos e carne chamejantes
Observados pela desfortuna de algum
marcador do tempo que deixamos de ter

Vem, deita-te comigo

Para que depois do gozo lancemos mão de uma
coberta e adormeçamos, com poemas à cabeceira

XXXII

Quando me deito contigo é como se o fizesse
amaldiçoada pelas palavras dos livros mais antigos
Sem permissão de oferecer a face ao Senhor
E o corpo banhado e cheiroso do teu sêmen
De lutar contigo sobre os panos nunca alinhados
Tecido e linhas e costura espatifados
Ofertados como um sudário debaixo do
qual repousam nossos pecados

Vem, deita-te comigo

Para que depois de expulsos do paraíso lancemos
mão de uma coberta e adormeçamos, com os nomes apartados
do grande livro da vida

XXXIII

Amo-te
Com a mesma alegria que senti na descoberta do sabor
Doce como tu
Dos biscoitos que comprei na rodoviária
À beira de alguma triste madrugada
Antes de partir ao teu encontro

O Maná no deserto
E ao encontro dos lábios e semente
abundantes entre as minhas coxas

Amo-te ainda mais
Quando nos deitamos à luz do sol que se despede
E você me traz um bloco de notas para o registro
deste poema sobre os açúcares vertendo em calda

Através da tua boca e corpo sequiosos

XXXIV

Adoro-te
Com a mesma devoção com que celebro
a especiosidade dos gatos

Deuses como tu
Observando os movimentos pela nobreza oblíqua dos olhos
Capazes de silenciar o universo
Depois de chegarmos da romaria

O Sagrado no corpo
E de peregrinar com as nossas línguas
sob as bênçãos de Bastet

Amo-te ainda mais
Quando nos deitamos à luz do sol que se despede
E eu continuo a preencher um bloco de notas para o
registro deste poema sobre os milagres da tua respiração

Através dos meus ouvidos cicatrizados

XXXV

Este é um poema que não escrevo
Sobre os seios que, libertados do sutiã apertado, nada dizem

A folga não cabe nas palavras

Nem a visão do desenho arredondado
Perfilado
Chamando a palma da tua mão

Este é um poema que não escrevo. Vivo.

XXXVI

Enquanto as tuas mãos entorpeciam o
cansaço nas minhas virilhas
Massageando as marcas deixadas pelo elástico das calcinhas
E a tua língua quente desafiava a gelidez da máquina de ar
O meu coração dava voltas e a força me faltava
O espírito desfalecendo nos espaços entre os murmúrios
Há muito esquecido da ordem do dia

   da luta de classes
   e do fim do mundo

Eu me preparei para o meu próprio fim
Sabendo que estava próximo
E celebrando, esvaída
O anúncio do corpo que, dando graças, substituía
O enfado da carne

   pela extenuação de apenas amar

XXXVII

Enxuga-me as costas depois de um banho vaporoso
Último desta visita
E seca as pontas dos meus cabelos com gentileza
Depois que fizermos o amor da despedida
Contando os minutos sobre as peles e debaixo das línguas

Um a menos

Na lambida alongada em carícia

Um a menos

No músculo que não sabe a quietude

Um a menos

Na boca seca do susto

Um a menos

No comprido gemido que atravessa as
paredes e janela do teu quarto
Até o ouvido ciumento de algum vizinho simplório

Beija-me antes que se escondam os lábios, amor
E sente por último o calor perfumado do meu pescoço
Em cujas veias pulsa a vida

Uma a mais

Que eu escolhi te dar

XXXVIII

Quando se completarem os dias para que sejam dados à luz
Depois de crescidos e inchados e das dores do parto
Estes poemas hão de cumprir a palavra de salvação
Envoltos em panos e deitados sobre os leitos suados
Doutros amantes que não nós
E conduzidos pelo uníssono de suas línguas apaixonadas
Antes, durante e depois do amor
Aos pés e nas cabeceiras das camas
Para que encontrem seus desejos nos
caminhos das nossas palavras
E através dos nossos próprios desejos
Tornados deles e de quem mais os quiser
Guiados pela estrela do oriente que
Detida sobre nós denuncia a poesia

A verdadeira e corpórea poesia

Que nos deu a vida

CARTA A K.

K., minha amada

"Quero ser amado por e em tua palavra / nem sei de outra maneira a não ser esta /de reconhecer o dom amoroso, /a perfeita maneira de saber-se amado: /amor na raiz da palavra e na sua emissão". Esses versos, de Carlos Drummond de Andrade, revelam o poeta que, assim como nós dois, era incapaz de amar pela metade. E eu creio que essas palavras do velho itabirano representam bem como ambos amamos um ao outro: pura, declarada e intensamente.

Por isso eu sei que este livro de poemas é simplesmente o mais belo presente que eu poderia ter recebido em vida. O genuíno retrato desse sentimento que nos une, fortalece e define, e que foi também um inesperado (e maravilhoso) presente para nós. Jamais poderíamos prever que, nos primeiros momentos do que se viria a ser uma longa e dolorosa pandemia, nos conheceríamos, ficaríamos juntos e começaríamos a escrita de uma história tão bela e tão potente.

Repasso nossa trajetória em minha mente, desde o primeiro dia até então. Esse exercício sempre me faz sorrir. Gosto de lembrar que, antes de começar a conversar com você, conversei primeiro com suas palavras. Quando te li, senti a enorme potência da sua escrita, um trabalho ardoroso, sensível e, acima de tudo, inspirador. E quando este, que foi primeiro leitor, teve a oportunidade de falar com a autora, pouco a pouco fomos nos fazendo mais e mais *presentes* um na vida do outro, mesmo a distância, até que a tela deixou de estar entre os nossos corpos e pudemos, enfim, tocar, olhar e sentir um ao outro.

Eu já disse isto a você, mas não me acanho de repetir: eu gosto de me lembrar de tudo, de todos os nossos dias, de cada capítulo de tudo que somos e ainda sorrio como da primeira vez que sorrimos um para o outro.

E assim, confinados entre noites cálidas e insones, risos e beijos, os poemas emergiam. Enquanto deliciosamente mergulhávamos nos olhos um do outro, os poemas emergiam. Enquanto nos abraçávamos com força e esquecíamos a vida lá fora, os poemas emergiam. E também assim, pouco a pouco, um planeta nascia, um mundo criado e habitado somente por nós.

Releio esses poemas e me alegro com o privilégio de poder recordar o momento em que cada um deles foi gerado, as circunstâncias, o cenário, você recitando cada verso para mim, olhando em meus olhos ou ao pé de meu ouvido. Reler esses poemas é te ver, ouvir, sentir e querer, mais uma vez, ontem, agora e amanhã.

Cada poema deste livro é uma parte viva de nós dois. Cada verso grita, arfa, ri, goza, transpira, pulsa, sente, cria. Todos os textos aqui reunidos são a pura expressão de um amor que transforma humanos em divindades. E eu sei, do fundo de meu coração, que não há nada mais verdadeiro do que descrevê-los assim. Também sei que as pessoas e amantes que lerem esta obra serão capazes de contemplar o calor de cada poema, pois aqui está o álbum de um amor inflamado, repleto de certeza e de entrega. Absoluta entrega.

Como eu já disse, este livro é o presente mais belo que eu poderia receber em vida. Uma declaração de um amor que abraça o mundo e o faz parar de girar. Um registro de um amor que, acima de tudo, constrói. Um lembrete de um amor-esperança, um amor-potência, um amor-tudo. Que o seja também para leitores e leitoras.

A todos que, nesses tempos tão ressequidos, ainda possuem a coragem de amar, ofertamos este nosso planeta recém-nascido, nosso amor-vida, nosso amor-lar.

Teu, por inteiro

F.

Este livro foi composto em Fairfield LT Std no
papel Pólen Bold para a Editora Moinhos enquanto
Volta, de O Terno, tocava em um dia de céu azul.

*

Infelizmente, o mundo não dava mostras de ser um lugar bom.